AF166727

Llyfr
ABC
Elwyn Ioan

Argraffiad cyntaf: 1987
Ail argraffiad: 1990
Trydydd argraffiad: 2001
Pedwerydd argraffiad: 2004
ⓟ Y Lolfa Cyf., 1987

Rhif Llyfr Safonol Rhyngwladol: 086243 153 0

Argraffwyd a chyhoeddwyd yng Ngymru
gan Y Lolfa Cyf., Talybont, Ceredigion SY24 5AP
ffôn 01970 832 304   ffacs 832 782   isdn 832 813
ebost ylolfa@ylolfa.com
y we www.ylolfa.com

Llyfr ABC

ABC

Elwyn Ioan

Y Lolfa

aderyn

A a

blodyn

B b

carw

chwilen

Ch ch

dewin

D d

y ddafad

Dd dd

enfys

E e

ficer

F

ffynnon

Ff ff

glaw

G g

fy ngafr

Ng ng

haul

H h

iorwg

I i

lôn

L l

llew

mêl

M m

neidr

N n

ogof

pont

P p

ei pherlau

Ph ph

roced

R r

rhaw

Rh rh

saer

S s

tarw

ei thrysor

Th th

utgorn

wal

ynys